Coto de caza

Coto de caza

Marcos Ávila

Colección MARTE 26

Poesía

Coto de caza
© Marcos Ávila, 2025

Colección Marte
Directora de la Colección Marte: Lola Andrés
Fundador de la Colección Marte: Francisco Benedito
Ediciones Contrabando
© Arial Artes Gráficas SL
Plaza Raquel Payà, 10. Bajo 2
46006 Valencia
www.edicionescontrabando.com

Primera edición: Mayo 2025
Ilustración de la portada: Ramona Rodríguez
Maquetación: Esperanza Navarro Honrubia

Código IBIC: DCF
ISBN: 979-13-990385-2-1
DL: V-1935-2025

Impreso en España - Imprenta Llorens

A mis padres

INTERIORES

EMISORAS

sirve cualquier rejilla
de madriguera
el vaso junto a la cama
quién ve lo que viene
la respiración en el techo
sale de casa corre
una especie de arenisca
la linterna contra los ojos
calla duerme rueda

Acuario

Se nota cómo el agua atraviesa
los orificios de la nariz, ojos y boca,
gata que viene a robar.
La acera del colegio grita
junto a ramas invernales,
extiende los brazos donde no hay.

Sala de espera

Está muy baja la música
–como si sólo ocupase espacio
dentro de cada cabeza–
y desde tu silla distingues
el cerco que rezuma la pared,
arrecifes de coral,
toda la arena brillante y lisa.

Sobremesa

La calefacción empaña un poco el ventanal y hace que se mezclen las conversaciones. Camareros con lacias chaquetas, el sol de diciembre les salpica la espalda o las manos. Algunas mesas van quedándose solas, sin que haya prisa para cambiar los manteles. Un abejorro tropieza contra el espejo de la barra, los ojos abrasados por el vino.

HOTEL DE PROVINCIA

Otra tarde que se derrama.
El ronroneo del ascensor
cruza perezoso cada pasillo
y mete los pies en la maceta
donde se acomoda el ficus.

Mosaico

convento ciprés se apaga
otra cerilla
tapia de gatos huidizos
ese nudo en lo que ves
desátalo deprisa
el pan y su pequeña sombra
un tenedor
las puntas hacia el techo

TIESTOS

qué poca humedad
retienen las raíces
ficus troncos de Brasil
geranios tierra mezclada
con diminutos caracoles
−como si no hubiese
otra familia− hebras
de tabaco pelo
difícil de romper

Circulación Sanguínea

Dos peces rojos:
a eso queda reducido
el sol de la ruidosa oficina.

Después,
por mucho que andes
y cada árbol
ocupe su hueco de acera...

Para qué más indicios.

PISO FRANCO

El emisario es un aguilucho impaciente, de esos con bufanda y nicotina en el pulgar. Trae un pequeño sol de púas, lo deja flotar en la pila del baño y se oscurece el resto de la casa. "Por ahora no hay instrucciones, recuerden que cualquier pared tiene oídos". Tras la cortina se vislumbra la calle: hundida entre los edificios y aún silenciosa, una cáscara de huevo antes de pasar el camión quitanieves.

CASA MUSEO

prohibido tirar la ceniza
sobre el tapete de ganchillo
más luces un brindis
reloj de péndulo
¿te oye alguien?
rapidez de lo que no está
las sillas la mesa
con sus panes cortados

GOTERO

Al subir la persiana te llevan
unas ruedecitas −desnudez
del guisante junto al cuchillo−,
susurran veloces entre sí;
el sol no podrá oírlas
desde una habitación a otra.

Espejo cubista

los zapatos miran al techo
un camerino
más amplio en los rincones
el periódico roza
la sien izquierda
el celofán de un ramo
ensarta brillos
una mosca se detiene
sobre los labios

TRAVESÍA (I)

Niño oruga

tan caliente está la bañera
que se cubren de vaho los azulejos
cuéntale una historia
                         poníamos la mesa
al recoger las migas
cabeza roja del primer ladrillo
falta luz hay que volcar los cajones
el pelo sigue flotando como si oyese

POLEN

se cae la casa del sol y la boca está en la hierba

sonríe verano tardío

al secarse el pozo hay tejas con gatos

PESEBRE

Unas gallinas picotean tus pies de niño, pero sonríes para consolar a María. Entre el heno hay murallas que se escurren, ropa con sabor a tierra y un palacio torcido. Por ti sigue helada la noche: los pastores arrojan piedras al fuego, antes de que cualquier judío la venda a pedazos.

CERILLA

El humo oscurece una claraboya que pronto estallará en mil cristales. Así de fácil. Río abajo huele a estiércol, abundan los búhos y no hace falta ningún almacén de objetos perdidos.

COCINA

dónde se han metido
la leche hierve fuera del cazo

hace un minuto
te limpiaban la boca con el babero
sostenían una cuchara
jugando al avión

habla escarabajo
tu saliva la extraes de la arena

PINOCHO

Había llegado sin equipaje a la posada, el cepillo de dientes en un pañuelo. "Estoy harto de la pesca, del sol y los juncos, de ver cómo flota el corcho a unos metros de la orilla". Volvieron a crepitar las llamas de la chimenea, no pensaba de niño que se convertiría en eso, venas con serrín y un corazón de madera.

TELARAÑA

la luna se enreda en ese algarrobo
escarcha pregones invernales
casi brilla como pelo de muñeca
junto a la ermita hay un zapato
amanece cogen aire los montes

CAPERUCITA

la casa está en un bosque
no muy lejano
desde el sendero
se alcanza a ver
cómo su chimenea
luce bajo la luna
cada pedrusco
arde en silencio
y las encinas son
más rojas que la noche
pero allí dentro
sigue la algarabía
hay tarta y vino
baile de cazadores
con aldeanas
el primer gallo
afila los ramajes
adormecidos
la escarcha se derrite
en dos macetas
que sólo valen
para orear el porche
y una risita
ahuyenta rápido
la penumbra de lobos

NIÑOS

un fuego para calentarse las manos
llueve (mentira) hace sol
una sábana con arrugas

cerrado por vacaciones

es gata ¿no?
(y se asusta de que te acerques)

Aquella melodía alegraba adoquines y tejas, pero los demás niños no han regresado a casa y desde entonces llueve sin cesar. Todo Hamelín bendice mi suerte, hay quien se queda mirando las muletas o susurra un adiós rápido, si vuelve a llorar cualquier vecina. Qué días tan aburridos, la iglesia flota entre dos calles, cuando me aparte de la ventana, se convertirá en un montón de escombros que ruedan corriente abajo.

CANDIL

La luna se refleja
en las tablas del porche
hasta que la diluye
tu halo amarillo.
Dentro no hay mucho
que llame la atención:
dos cañas de pescar,
un armario entreabierto
por culpa de la prisa
o aquella mecedora
aún agazapada
en la penumbra.
Todo se reanima
junto a tu llama,
quizá un descuido
acabe por prender
la cantina del búho.

TRES VOCES

–¡Has visto qué casa, Gretel,
huele a bizcocho de canela,
su cal brilla como azúcar!

–Sólo es un claro del bosque;
mira mi trenza, Hänsel,
parece más rubia bajo el sol.

–El mantel ya está puesto,
hijitos, y arde la leña; pasad,
no os quedéis con hambre.

Tinaja

El sol nacía bajo el pie y luego nada,
las tardes se volvieron más oscuras,
el amarillo de noviembre
en la ventana, otra ayuda no había,
apenas se escuchaba cómo el barro
iba absorbiendo la humedad,
un hueso madriguera.

PULGARCITO

anoche quemaba la sopa
y hoy todo blanco
árboles con espinas
el pañuelo doblado en tres mitades
vida en un tambor
no puedes apoyar la sien
los zapatos el jarabe para la tos
habla con los peces del río
quédate bajo el agua

EXTERIORES

Rayos de sol

A cada instante cruza un tren
—¿lo notas?—, suena dentro
de los oídos, ya está ahí,
recorre la misma ruta
que el polvo en suspensión,
por sus cristales se asoma
gente con cara de polilla
—el fondo de los vagones
resulta demasiado oscuro
para nuestra vista—
y antes de alcanzar
una estación lo desintegra
la velocidad de la luz.

Cuánto ajetreo, ¿por qué nadie confía en esas muñequitas de la suerte? Sólo se paran los más indecisos, dudan entre varias y enseguida las vuelven a dejar en el cesto. Son tan pequeñas, que ocupan la palma de una mano. Sonríen como bebés y sus ojos bizquean ajenos a cualquier prisa. El ruido de los trenes ahoga sus rabietas, pero algún chillido sube hasta el techo, se queda vibrando en las vigas metálicas o empaña el sol de los tragaluces.

ESTATUA ECUESTRE

Hace calor al mediodía
y un incesante arrullo de palomas
deja sin brío su armadura
(el caballo sube dos patas
entre la luz que corta).

BORDILLO DE LA ACERA

La natural
escuela del caimán,
sus ojos amarillo azufre
atraviesan capas de tiempo.
Hosco, casi sumido
en la lejanía, un ejército
de samuráis acampa
a ras de sol.

CHAFLÁN

Un gato gris se acerca a las mesas vacías, antes de que salga el camarero. Falta recoger dos vasos y el platito con huesos de aceituna. El viento agita el toldo naranja, por los adoquines danzan colillas, papeles, hojas secas. Tiene la costumbre de atisbar todo, pero se guarece con rapidez bajo uno de los coches aparcados. Esta mañana sólo le interesa el ruido gutural de las alcantarillas.

TOBOGÁN

Vuelve a sonar
todo ese griterío
tan afanado,
el reflejo del sol
bajo los pies
y la veloz gravilla.
No importa cuándo
mude la piel
tu brillo de hojalata,
más sigiloso
que una culebra.

MURO CON HIEDRA

El cielo sigue nublado
desde el amanecer
y quizá los ladrillos noten
cómo se filtra la lluvia
entre hojas y tallos;
aquí, en el viejo solar
que hay junto a la avenida,
todo se despereza,
incluso parece llover
con más sosiego,
hasta que el ruido áspero
de una excavadora
ahuyenta las lagartijas.

CALLEJÓN

Charcos –y un poco de vapor
sobre la alcantarilla–,
no queda más
del súbito aguacero.
El sol recorre algunos tramos
por las cornisas que gotean.

Luna llena

Hay un impulso en los tejados,
firme en su resplandor, unánime.
Nada que hacer,
salvo dar la vuelta a la nieve
caída desde el lunes
o sentir cómo salta sobre la colcha
el gato del séptimo piso.

Lluvia de verano

La cal se vuelve absorta
entre toses y ruidos de sartén,
junto al pozo hay un gallo
con las plumas encanecidas
y es domingo otra vez.

Tren regional

1

El valle alcanza
su verdadera rapidez
más allá de los últimos tejados,
cuando no lo retiene
ningún rastro de vida humana;
aunque al menor descuido
quiere estar quieto
y se pega a la ventanilla.

2

A veces hileras de olivos
reparten el sol que les sobra
por el aire apagado
de los vagones.

COTO DE CAZA

Cómo disimular ante esas liebres aburridas
que eriza el sol de cada arcén,
si el alquitrán hierve en silencio
y los disparos se sueldan a las botas.

ESPINO EN FLOR

tantos caballos
alborotándose
entre las crines
brilla la luna
cada relincho
inseparable
de su pescuezo
rápido embisten
contra la cerca
para escapar
de los intrusos
toda la noche
ojos de lobo
luna y astillas

Apeadero

Un sol ruidoso
riega los cardos
después de junio
para que el hierro
no se amontone
entre las puertas
y ventanillas.
Con el calor
se adhiere al hueso
la huraña piel
de unos tapiales.

ALGARROBO

Al final de la tarde
suenan los grillos
y las nubes se vuelven
cada vez más terrosas.
Cruza un ejército
por el barranco;
sus capotes de pólvora
se beben sin temor
la suave luna.

TRAVESÍA (II)

Hormigas

1

Las pisas y reviven;
desde el primer latido del planeta
recogen cada miga
sin mirar a los lados ni hacia el sol.

2

Parece que susurre
a través de cualquier hilera
su conjura apremiante;
pero siguen dormidas y les brota
una especie de humillo.

BÚFALO

también aquí
entre los edificios
hay más silencio
al mediodía
        el barro
se vuelve abrasante
la acera aguarda
otro temblor
de estampida
zumban moscas
nubes de mosquitos
tábanos
y junto a la cuenca
de los ojos crece
un terco pelaje

TIBURÓN

cada relámpago de mar entre los dientes
viejo aunque se enjabone
el pijama abotonado hasta el cuello
un autobús con los cristales empañados
la aleta se endurece al sol
tubos de órgano piel cavernosa
su estela pulveriza millones de átomos

HIPOCAMPO

Se bebe el mar con su fina trompa. Tintinea por valles que no pesan en el agua. El mundo es sólo un destello para esta larva de faraón.

Murciélagos

Ladrillos grises.
"Y si lloras, te quedas en el balcón".
La cabalgata,
las oficinas donde nacen agachados.
Pronto amanecerá.
El silencio de un charco entre los dientes.

CULEBRA

sombras de arbustos
y tierra blanduzca
a trechos
enmascarada

sensato al hablar
apoyo la sien sobre una roca
cubierta de sol
quema se zambullen
rápidas vetas

Riña entre dos hormigas

–¿Por qué este barro en la floristería?
–Es un monte con espinos.
–Huiría si me quisieras.
–¿Adónde?
–A otro agujero de la memoria.
–Mira bien a tu alrededor.
–Malos modales.
–Vas por ahí rompiendo zapatos.
–Para ti el rocío de la hierba.

Escarabajo

rumbo
a casa briznas
barro seco
hacia delante
atrás
pensamiento pinza
rueda para estar
de espaldas

FLAMENCOS

Apoyados sobre una pata como los días infantiles. Crece la luz en bloque, lucha por separarse del sol y si fuera un poco astuta, aprovecharía cualquier brisa. ¿Estatuas de sal? No exactamente, fíjate en el centro del ojo y su diminuto estanque.

MORSAS

Cada acordeón impregna de yodo sus colmillos, la tropa comparte el gabán, mientras ronca la taberna del ártico. Sin fuerza para silbar en el quicio de las corrientes, alma resbaladiza y ojos donde se oculta un candil humeante. No importa si hay grilletes, olor a brea, ristras de ajos, si el frío sube desde los pies o cualquier viga se derrumba con estrépito.

Cuco

Dicen que continúa en la escuela,
rezagándose
entre idas y venidas.

Pasan las horas, está oscura la cancha
de baloncesto, ya sin gritos,
hay arroyos en deshielo
y unos huevos moteados de perdiz.

Háblale, aunque no te escuche.

Búho

Por su mirada resbala el calor de las presas como si gotease un reloj de pared. Uña corva, zapato desparejado. Todo se mezcla en sus ojos con otras sustancias amarillas.

PUERCOESPÍN

Hay vida en todo el planeta. Cada matorral soporta el peso del sol y la primera lágrima crece hasta formar un bosque de estalactitas.

Libre, sin memoria, corretea por cualquier galaxia.

HOY

PESCANDO

plomo en el cielo y en los zapatos
escalones con la cara agachada
hablamos por hablar amarillo verde
arboleda jugosa de luces
un día a la puerta del colegio
y muchas plazas con los pies en agua
ese guante nos queda estrecho
patos silvestres gabardina
el corcho gira como una peonza
papel abrasado mano desarmada

Alameda

esas fotos
y tú rompiéndolas
el poni más alto
tiene pelo de cobaya
domingo
las raíces al aire
vidrios y colillas
no te dejan dormir

Bajamos en cualquier costa de fuego, el salitre en las redes, aturde ese idioma seco y a la vez risueño. Un loro se rasca el pecho con el pico, la gorra del capitán tiene raído el fieltro, su visera encalla en el charquito de ron que salpica la barra. Quizá sólo existan postales sin rellenar, bisagras donde el sol se vuelve herrumbre, unos dados que nos esperan entre el humo crujiente de sardinas.

DORMIR

1

no importaba mucho ese juego
parecido a la arena
dónde sentir el corte el hilo
días de pan con aceite
quizá lloviera otra vez
un mapa de lejos
había que recoger todo muy rápido
peces blancos en un estanque de sol

2

si se pudiera
remover con un palo ese hoyo
o al menos hablar
con quien sigue durmiendo

la luz del cuarto
está ahora en la nieve
ahí
pisada

BOMBILLA

Es una oficina más infatigable que la estera de un faquir. Lo sé
por el cascabeleo de gatos, por su arenosa respiración y porque
hay un piano cubierto con ramajes. La ventana está torcida y se
escurre hacia abajo durante las trombas de agua.

Tumba

Dátiles, nueces.
Según el nuevo parte
meteorológico,
el mar se agolpa
casi entero en la orilla

ESPEJOS

Su cabaña dura un instante de sol: a veces quedan cuchillos viejos, el mazapán de las rifas o una lata con pólvora.

MAGO

Depende sólo
de lo cercano:
una jarra con agua,
dos cuerdas viejas
para atar el baúl
o las gotas de sudor.
"Presten ahora
en sus asientos
la máxima atención..."

NEURONAS

Despiertas noche y día, su red se extiende a través del país. Cada una parece idéntica a las demás, el mismo diseño en la construcción, así como en los escasos muebles y objetos decorativos, hace años que se ordenó retirar los relojes de pared. Hay cientos, miles, todas sincronizadas, la salita de espera bajo el tubo de ventilación. "¿Otra vez sin cita, señor Mosca?"

DIAPOSITIVAS

por túneles de caza espejuelos
donde apoya sus pequeñas garras
una cajita un invierno del que nadie se acuerda
por cualquier carrete de hilo
astillas al moverse hacia los lados
vidrio escupe reptando en un nudo de palabras
San Jorge y el dragón
lagartija con la luz adherida a la piel
nuevo tramo arabescos
la muralla de Zamora bajo un cielo lluvioso
quién pudiera recoger el sedal
arena de sílabas pulverizadas
mira y se queda
mero tránsito

Reloj de cuco

toc–toc ya no estoy
dice el porche de las cabañas
fiel casi alegre
volví la cabeza al trueno

DOMADOR

siempre los ruidos
sol en un charco
arena y paja
de aquí de allá
vida a medias
exhausta
malhumorada
brillan las botas
el pozal de la jaula
y a dormir

Velero en una botella

no hay gaviotas
pero se oye
la luz que sudan las jarcias
salpica el oleaje
madera en los ojos y dentro
nada papeles arrugados

Muchas gracias a Cristina por su ayuda;
también a Lola y a Manuel por su confianza.

ÍNDICE

INTERIORES

TRAVESÍA (I)

EXTERIORES

TRAVESÍA (II)

Este libro terminó
de imprimirse en Gráficas Llorens (Valencia)
el mes de mayo de 2025